ESCUELA DE COCINA VEGETARIANA

Ingredientes y recetas con más de 500 ilustraciones paso a paso

LAROUSSE

EDICIÓN ORIGINAL

TEXTO Y RECETAS
Lena Tritto

COORDINACIÓN EDITORIAL
Giulia Malerba

REDACCIÓN
Francesca Badi, Armando Minuz

DISEÑO GRÁFICO
Monia Petrolini

CUBIERTA
Cristiana Mistrali

FOTOGRAFÍAS
Piermichele Borraccia

HAN COLABORADO
Daniela Bonardi, Lucia Carletti, Chiara Gianferrari, Giusy Giuffrida, Gino Marazzini, Monica Nastrucci

EDICIÓN ESPAÑOLA

DIRECCIÓN EDITORIAL
Jordi Induráin Pons

EDICIÓN
Àngels Casanovas Freixas

TRADUCCIÓN
Jordi Trilla i Segura

CORRECCIÓN
Àngels Olivera Cabezón

MAQUETACIÓN Y ADAPTACIÓN DE CUBIERTA
Marc Monner Argimon

Título original: *Scuola di cucina vegetariana* (ISBN 978-88-6154-234-1)

Via Mazzini, 6 - 43121 Parma, Italia
Tel.: 39 0521 388510
Fax: 39 0521 388555
www.gruppofood.com

Mallorca 45, 2.ª planta - 08029 Barcelona
Tel.: 93 241 35 05 - Fax: 93 241 35 07
larousse@larousse.es - www.larousse.es

ISBN: 978-84-16124-86-2
Depósito legal: B-2212-2015
1E1I

sumario

pinchos
wok
batidor
espumadera
vaciador
tabla
de cortar
cuchara
para miel

rodillo
cesta para
cocer verduras
rallador
de jengibre
cuchillo
tabla para
rallar ñoquis
pasapurés
rallador para nuez
moscada

arroz de grano negro
arroz de grano blanco
bulgur
centeno
maíz
trigo sarraceno
arroz semiintegral
farro
amaranto
avena
cuscús
trigo

cereales

No solo existe el arroz y el trigo. Desde hace años se están redescubriendo cereales como el farro, la avena y el mijo, entre muchos otros. Cereales buenos, versátiles y saludables.

CEREALES EN GRANO

Por lo general, cuando se habla de cereales se piensa en el pan, en la pasta, en los llamados cereales para desayunar, en todos los derivados del trigo que se encuentran en los productos de panadería… y como mucho se añade el arroz y el maíz. En cambio, hay otros cereales que, desde hace miles de años, han alimentado a la humanidad en todas las partes del mundo: el mijo, la cebada, el farro, la avena, el centeno y otros pseudocereales, como el trigo sarraceno, el amaranto o la quinoa.

Los cereales nos alimentan proporcionándonos en forma de almidón gran parte de los carbohidratos que necesitamos para estar activos y pensar. Solo los cereales integrales y las harinas que se extraen de los mismos nos aportan valiosas sustancias nutritivas de forma activa que nuestro organismo puede absorber de un modo equilibrado.

Desde hace miles de años, en todas las culturas tradicionales, los cereales en grano han constituido la base de la alimentación de poblaciones enteras, y se acompañaban no solo de verduras sino también de legumbres, semillas oleaginosas y pequeñas cantidades de proteínas animales, como huevos, queso, pescado y, solo en ocasiones, carne. Se trata de auténticos alimentos, símbolo de antiguas civilizaciones; basta pensar en el pan de cebada de la antigua Grecia, en la polenta de cereales variados (mijo,

cebada y farro) de los romanos o en el arroz de Extremo Oriente. Mientras los cereales constituyeron nuestro principal alimento, el sobrepeso, las enfermedades cardiovasculares, los desequilibrios de glucemia y lípidos y los trastornos intestinales eran poco frecuentes, mientras que hoy son casi endémicos, y no solo en Occidente.

Los micronutrientes que contienen los cereales integrales realizan importantes funciones: mejoran las defensas, reducen los procesos inflamatorios y contribuyen a proteger a las células de los radicales libres. Además, la fibra favorece el buen funcionamiento intestinal y su fracción soluble nutre la flora bacteriana intestinal.

Cereales para tener bajo control el colesterol

Los cereales solo son beneficiosos si son integrales, porque las sustancias anticolesterol (fibras, fitoesteroles y niacina) están presentes sobre todo en el salvado. El cereal anticolesterol por excelencia es la avena (la descascarillada, no la perlada). También son saludables la cebada integral y los llamados falsos cereales, como el trigo sarraceno, la quinoa o el amaranto.

TABLA PARA LA COCCIÓN DE LOS CEREALES

	tiempo de cocción en minutos	tiempo en remojo	volumen de agua para la cocción (partes de líquido por parte de cereales)
amaranto	30-40	-	2,5
arroz integral	60	-	2
arroz semiintegral	35	-	2
avena descascarillada	50	6 horas	3
avena perlada	30	-	2
cebada descascarillada	60	8 horas	3
cebada perlada	40	2-3 horas	2
centeno	60	8 horas	3
farro descascarillado	60	6 horas	2,5
farro perlado	30	-	2
Kamut®	60	8 horas	2,5
mijo	30	-	2
quinoa	20-25	-	2
trigo	60	8 horas	3
trigo sarraceno	15-20	-	2

trigo

Se trata del cereal más conocido de la zona mediterránea y omnipresente en nuestras mesas. De las variedades de grano tierno se obtienen las harinas para el pan y todos los productos dulces y salados de panadería, mientras que con los granos duros se elaboran las sémolas para la pasta. En los dos últimos siglos, el cultivo del trigo se ha multiplicado en todo el mundo por su elevada productividad y porque su harina es la más adecuada para la panificación industrial; de hecho, es el cereal más rico en gluten, proteína que garantiza una buena fermentación de las masas. Además de la harina, en Oriente Medio se cocina en forma de **bulgur,** y en todo el norte de África como cuscús. Sin embargo, se usa sobre todo para hacer pan, alimento fundamental desde los orígenes de la civilización por su valor nutritivo y por su gran simbolismo.

Bulgur. Es un trigo duro germinado, precocido y machacado que constituye un alimento de un valor nutritivo muy alto. Es la base de la cocina libanesa, que lo presenta en infinitas variantes, desde el kibbeh (una especie de albóndiga con rellenos a base de distintas legumbres, verduras o carnes) hasta el tabulé (sabrosa ensalada veraniega con cebolla, tomate y abundante perejil y limón).

centeno

Es otro cereal de los climas fríos. Se usa sobre todo para la panificación de los típicos *wasabröd* suecos, o para el pan negro alemán enriquecido con semillas de hinojo o comino. El centeno es útil para las personas con hábitos de vida sedentarios porque favorece la circulación y, gracias a que es rico en fibra, estimula la actividad intestinal. Si el pan de centeno se deja que fermente en agua se obtiene una bebida gaseosa ligeramente alcohólica, muy extendida en Europa oriental, llamada *kvas*.

cebada

Hasta el año 800 fue el cereal más utilizado en la zona mediterránea para la alimentación humana. Los purés de cebada con guarnición de legumbres, verduras y queso eran el plato nacional de la antigua Grecia; los panes que se multiplican de manera milagrosa en el Evangelio eran de cebada, y los gladiadores la consumían en grandes cantidades para que aumentara su fuerza. La cebada es un cereal antiinflamatorio para el intestino y es ideal para la elaboración de sopas y sabrosas ensaladas veraniegas.

maíz

Es el tercer cereal del mundo en cuanto a superficie cultivada y la base de la alimentación en México y Latinoamérica, donde siempre se ha acompañado con legumbres. En el norte de Italia ha sido el alimento principal de los campesinos durante generaciones en forma de polenta, aunque su consumo se ha extendido a otras zonas de Europa. Para conseguir el mayor aporte nutritivo, es necesario añadir proteínas (quesos, carne, pescado o legumbres).Con él se preparan platos sabrosos y únicos con bacalao y guisos a base de legumbres o quesos. Sus granos cocidos también se pueden utilizar en ensaladas, y sus mazorcas se consumen horneadas o a la parrilla. Al no contener gluten, es uno de los principales cereales indicados para las dietas de los celíacos. Además, es diurético y laxante.

avena

Al crecer incluso en los climas fríos, su cultivo está muy extendido en el centro y norte de Europa. Es el cereal con mayor contenido en grasas, además de contar con muchas proteínas. Como tiene propiedades tonificantes y ligeramente excitantes, es beneficiosa para las personas asténicas, deprimidas o hipotensas. Los escoceses y los irlandeses la emplean mucho. Por lo general, se dejaba en agua sobre la estufa durante toda la noche para tener las gachas listas para el desayuno.

Los copos de avena son uno de los derivados de los cereales más utilizados. Se pueden consumir sin cocer, con agua o leche, y sirven de base para el muesli, acompañados de frutos secos, fruta fresca y semillas. Cuando los recipientes se untan ligeramente durante la cocción, son ideales para espesar sopas o para elaborar masas dulces o saladas, sin prácticamente necesidad de aceite.

arroz

Es el segundo cereal más cultivado del mundo después del trigo y la base de la alimentación de los pueblos asiáticos. España es el segundo productor de arroz de calidad de Europa, por detrás de Italia. Se producen muchas variedades: de grano largo, medio-largo o corto, y de distintos grados de cocción; también existen arroces orientales dulces y glutinosos que son adecuados para elaborar postres. Sin embargo, la gran diferencia se encuentra entre el arroz blanco pulido y el integral, un alimento delicado y equilibrado indicado para una alimentación rica y vital, con propiedades astringentes, emolientes y digestivas. El arroz se presta a muchas preparaciones, ya sean sencillas o más elaboradas, como las paellas, los risottos o los arroces caldosos. También es ideal para preparar postres, como buñuelos, pasteles o el clásico arroz con leche.

quinoa

Se cultiva en la cordillera de los Andes, Chile y Perú. Es un alimento muy equilibrado: contiene menos almidones y más grasas y proteínas que los demás cereales, tiene bastante contenido en calcio y hierro y no contiene gluten. Antes de usar las semillas, se deben enjuagar con cuidado para eliminar las saponinas que las protegen del ataque de los parásitos. Se cocina como el mijo, y con su harina se pueden elaborar pasteles y bizcochos.

Según la medicina china, la quinoa posee importantes propiedades tónicas y reconstituyentes. Al ser el único cereal que sostiene el sistema energético del riñón, es muy beneficioso en caso de astenia o de dolor de espalda o en las rodillas.

trigo sarraceno

Es una planta rústica de crecimiento rápido que se ha adaptado a los terrenos pobres y a los climas húmedos y fríos; por ello, se cultiva a gran escala en Polonia y Rusia. Es muy energético y con un gran poder alimenticio por su riqueza en aminoácidos esenciales, minerales y vitaminas. Se usa principalmente para elaborar un tipo de harina oscura y sabrosa con la que se puede hacer pan sin gluten. Los granos se usan en preparaciones secas o en sopas. Otro uso típico del trigo sarraceno es para la pasta japonesa llamada soba o udon. También recibe el nombre de alforfón.

amaranto

No es una gramínea, sino una especie herbácea de la familia de las espinacas, caracterizada por sus inflorescencias de color rojo oscuro. Al conservar su aspecto y su vitalidad durante mucho tiempo después de su recolección, era símbolo de inmortalidad según los incas y los aztecas. Como no contiene gluten, está indicado para los celíacos. Además, al ser especialmente rico en proteínas y calcio, es ideal para complementar las proteínas del trigo, el arroz y el maíz. Por ello, sería adecuado usar estos ingredientes juntos. En cocina, el amaranto se utiliza para elaborar sopas o pasteles salados, y, cuando está cocido, se añade a la masa del pan.

farro

Pertenece a la familia del trigo. Constituyó la base de la alimentación de los antiguos pueblos itálicos y es el cereal por excelencia de los romanos. De «farro» podría derivar el término «harina» (del latín *farina*), y la sopa de farro era el plato más consumido por los romanos. Es un cereal rústico y resistente al frío. Es el protagonista de algunos platos en forma de sopa, pero también resulta ideal en ensaladas y para preparar timbales y albóndigas. Es energético y un eficaz antioxidante.

mijo

Se trata de un cereal que aún está por redescubrir. Es un alimento energético, digestivo, diurético e ideal para aquellas personas que están débiles o deben desarrollar un intenso trabajo intelectual. No contiene gluten y es ideal para el destete de los bebés. Se puede considerar prácticamente un producto de belleza para la piel, el pelo, las uñas y el esmalte de los dientes. En cocina, además de usarse en sopas, por su poder aglutinador es ideal para la elaboración de tartaletas, pasteles salados y croquetas. Además, gracias a su tiempo de cocción breve y a su sabor delicado, es un cereal muy versátil.

BULGUR CON HABAS Y CALABACÍN

1 Lleve a ebullición el caldo vegetal, la cúrcuma y el bulgur; sale, cueza durante 10 min y deje que repose tapado.

2 Pele los calabacines; córtelos primero en 4 trozos y después en otros trozos más pequeños.

3 Saltéelos durante unos cuantos minutos en una sartén con aceite y ajo.

4 Dore 1 c de aceite y el ajo cortado en láminas y saltee las habas; rocíe con el vino y sazone con sal y pimentón.

5 Ponga las habas cocidas en una fuente y condiméntelas con el limón y el cebollino picado.

6 Añada los calabacines y el bulgur a las habas; mezcle bien y sirva.

AMARANTO CON VERDURAS

1

2

3

4

1 Limpie las alcachofas; para ello, deseche las hojas externas más duras y el extremo del tallo.

2 Deseche también el extremo superior de las hojas con la ayuda de un cuchillo y corte el resto en trozos pequeños.

3 Pele la chalota (también puede usar 1/4 de cebolla) y píquela.

4 Limpie la zanahoria frotando su superficie con un cepillo, sin pelarla, y córtela en tiras.

5

6

7

8

5 Pique el perejil (para añadir al amaranto al gusto).

6 Vierta 1 c de aceite en una olla de fondo grueso y dore las verduras durante 5 min.

7 Añada el amaranto al sofrito y dórelo, sin dejar de remover, con una cuchara de madera durante 1 min.

8 Vierta el caldo y cueza durante 25-30 min. Antes de servir, rectifique de sal y agregue un chorrito de aceite y, si lo desea, 1 c de perejil picado.

CEBADA VERANIEGA

1

2

3

4

1 Cueza la cebada en 750 ml de agua con sal y aromatizada con la cúrcuma.

2 Una vez cocida, extiéndala sobre una fuente para que se enfríe rápidamente.

3-4 Corte las zanahorias en trozos pequeños y hiérvalas en agua con sal y 2 c de vinagre.

La cebada es un cereal antiinflamatorio, sobre todo para el intestino. Así pues, su consumo está muy indicado en verano.

5

6

7

8

9

10

5 Mientras, corte el pimiento en pequeños dados.

6 Pique la cebolleta con la ayuda de un cuchillo de hoja lisa.

7 Saltéela en la sartén con 1 c de aceite, el ajo, las zanahorias y el pimiento.

8 Añada los guisantes y cuézalos.

9 Pique las hierbas aromáticas muy finas, junto con las alcaparras y las aceitunas.

10 Mezcle la cebada con los demás ingredientes; deje que repose y sírvala a temperatura ambiente.

ARROZ CON HINOJO Y AZAFRÁN

1 Cueza el arroz integral en dos partes de agua durante 50 min.

2 Pique bien el ajo y la cebolla y rehóguelos en 2 c de aceite. Pele los hinojos y córtelos en 8 cuñas.

3 Añádalos y deje que cuezan durante 5 min; si lo desea, rocíe con vino blanco y suba el fuego.

4 Agregue las aceitunas negras sin hueso, cortadas en rodajas, a los hinojos.

5 Incorpore el tomate, sale y cueza durante 10 min. Diluya el azafrán en agua caliente y añádalo.

6 Deje que cueza durante 10 min más. Sirva el arroz bien caliente, decorado con los pistachos bien picados.

CROQUETAS DE TRIGO SARRACENO CON SALSA DE REMOLACHA

1 Corte en dados pequeños la remolacha cocida y pelada.

2 Salpimiéntela y añada un chorro de aceite de oliva.

3 Bátala con el yogur.

4 Sofría la cebolla picada en 2 c de aceite hasta que esté bien dorada.

5 Incorpore el trigo sarraceno (enjuagado y escurrido) y deje que se dore mientras remueve con cuidado.

6 Añada agua o caldo vegetal, lleve a ebullición y después cueza a fuego lento.

7
8 
9 
10 
11 
12 

7	Ponga el trigo sarraceno en un cuenco, airéelo con un tenedor y deje que se enfríe.	8	Agregue el huevo y remueva.	9	Pique las hierbas aromáticas e incorpórelas.
10	Aromatice con la nuez moscada y sal, y remueva. Bata 2/3 de la mezcla de trigo sarraceno.	11	Con las manos un poco húmedas, forme las croquetas con la preparación.	12	Fríalas en aceite hirviendo hasta que estén crujientes. Sírvalas con la salsa.

FARRO CON CREMA DE CALABAZA Y GUISANTES

1 Cueza el farro en el caldo vegetal durante unos 25-30 min.

2 Pique bien la cebolla y dórela en una sartén con un chorrito de aceite y los guisantes durante 5 min.

3 Añada la calabaza cortada en dados pequeños y el tomillo, y cueza. Si es necesario, agregue caldo vegetal. Pruébelo y rectifique de sal.

4 Cuando concluya la cocción, la calabaza debe estar cremosa. Incorpore el farro y deje que aromatice la crema de calabaza. Sírvalo bien caliente.

CEBADA CON ESPÁRRAGOS

1. Caliente el caldo. Corte los espárragos en trozos y reserve las puntas con 2 cm de tallo.

2. Corte la zanahoria y la cebolla en dados pequeños. Rehogue las verduras con un poco de aceite durante 5 min.

3. Incorpore la cebada y deje que se dore durante unos minutos.

4. Vierta el caldo poco a poco. Transcurridos 30 min, apague el fuego, añada el azafrán y deje que repose tapado.

5. Pique bien la chalota sobre una tabla de cortar. Dórela en una sartén con un chorrito de aceite.

6. Añada las puntas de los espárragos, sale y cueza durante 5 min. Sírvalo decorado con las puntas.

ESPAGUETIS DE ARROZ CON FANTASÍA DE VERDURAS

1 Corte la col en tiras finas a lo largo.

2 Pele las cebolletas y córtelas finas también a lo largo.

3 Limpie los pimientos y córtelos en tiras finas.

4 Chafe el ajo y el jengibre con la ayuda de un cuchillo de hoja plana.

5 Caliente el aceite con el ajo y el jengibre en un wok a fuego fuerte.

6 Incorpore la col rizada y cueza durante 3 min sin dejar de remover.

7 Agregue las cebolletas y deje cocer 5 min más. Retire la verdura y añada más aceite.

8 Cuando esté bien caliente, saltee los pimientos durante 5 min.

9 Lleve agua a ebullición y ponga los espaguetis; sale ligeramente y cueza durante 3 min.

10 Escúrralos con un colador cuando estén al dente.

11 Póngalos en el wok con las verduras y saltee para que se aromatice bien.

12 Fuera del fuego, condimente los espaguetis con verduras con la salsa de soja.

ENSALADA DE FARRO DE COLORES

1

2

3

4

1 Corte las berenjenas laminadas en tiras y sazónelas con aceite, sal y, si lo desea, orégano.

2 Hierva las judías verdes durante 10-15 min y reserve el agua de cocción.

3-4 Cueza el farro en el agua de las judías verdes. Mientras, corte las judías en trozos y sazónelas con aceite, sal y un chorrito de vinagre balsámico.

El farro es un cereal perfecto para las ensaladas. Es sabroso y consistente y resulta ideal para una comida tonificante y energética.

5

6

7

8

5 Corte el pimiento en dados pequeños y saltéelo en una sartén con aceite y ajo; debe quedar crujiente. Pruebe y rectifique de sabor.

6 En una sartén, saltee los garbanzos con 1 c de aceite hasta que se doren; cuando estén listos, condiméntelos, si lo desea, con dos pizcas de pimentón.

7 Ponga el farro bien aireado en una ensaladera y mézclelo con las verduras y los garbanzos.

8 Rectifique de sal y corone con el tomillo y un chorrito de aceite de oliva virgen extra.

SOPA DE MIJO Y LENTEJAS

1 Corte en dados pequeños la cebolla y las zanahorias. Pele la calabaza y córtela en trozos junto con las judías verdes.

2 Lave las acelgas. A continuación, córtelas en trozos gruesos con la ayuda de un cuchillo.

3 Saltee la cebolla, las zanahorias, la calabaza y las judías con 2 c de aceite; sale y cueza 7-8 min.

4 Añada las lentejas y deje que los sabores se fusionen durante 2 min. Corte las acelgas en trozos pequeños e incorpórelas.

5 Transcurridos 2 min, agregue el mijo enjuagado y deje que se dore. Vierta 1,2 l de agua y cueza durante 30 min.

6 Apague el fuego, sazone con sal y 2 c de aceite y deje que repose durante 10 min antes de servir.

ÑOQUIS DE CALABAZA Y CENTENO

1 Hornee la calabaza y pásela por el pasapurés. Añada los huevos al puré obtenido.

2 Incorpore las dos harinas. Remueva bien hasta que obtenga una masa homogénea. Deje que la preparación repose durante al menos 30 min.

3 Corte el brócoli en ramitos; pele el tallo y trocéelo.

4 Caliente en una sartén 2 c de aceite y dore la cebolla picada con una pizca de guindilla, si lo desea. Añada el brócoli y deje que se mezclen los sabores.

5

6

7

8

5 Agregue el tomate diluido en un poco de agua, sale y cueza tapado; vierta un poco de agua si es necesario.

6 Con el fuego apagado, mezcle la salsa pesto al brócoli en la sartén.

7 Forme los ñoquis con la ayuda de una cuchara y un cuchillo; deben ser más pequeños que una nuez. Póngalos uno a uno en agua hirviendo con sal.

8 Unos 3 min después de que suban a la superficie, escúrralos con una espumadera. Agréguelos a la sartén con la salsa y deje que los sabores se mezclen 2 min. Sírvalos con aceite.

CAVATELLI DE SÉMOLA CON BRÓCOLI ROMANESCO

aceite de oliva virgen extra

1 cebolla

500 g de brócoli romanesco

dos pizcas de guindilla

300 g de harina de sémola de grano duro

10 tomates secos en aceite

1/2 vaso de vino blanco

sal marina integral

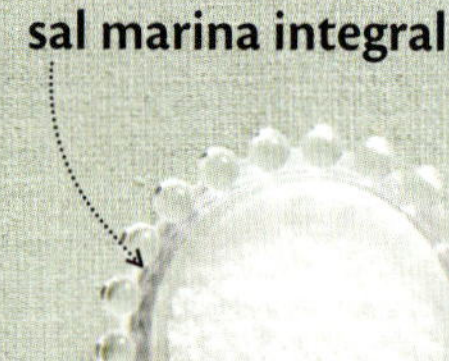

2 c de ricotta salada

2 c de piñones ligeramente tostados

1

2

3

4

1 Amase la harina con 1 c de aceite, el vino y un poco de agua templada. Trabaje la masa hasta que obtenga una bola blanda y elástica; cúbrala y deje que repose.

2 Lave el brócoli y córtelo en ramitos con la ayuda de un cuchillo.

3 Pique bien la cebolla y rehóguela con 1 c de aceite y la guindilla. Añada la verdura, sale y ponga de nuevo el recipiente en el fuego; agregue un poco de agua si es necesario.

4 Transcurridos 10 min, incorpore a la cacerola los tomates secos cortados en tiras, apague el fuego y ponga la tapa.

5

6

7

8

5 Divida la masa en 8 porciones; con cada una, forme un churro del tamaño del dedo meñique.

6 Córtelos en trozos de 2 cm de longitud. Presione cada uno con dos dedos para darles la forma de los cavatelli.

7 Lleve agua a ebullición, añada sal y hierva la pasta durante unos 10 min; escúrrala y saltéela en la sartén con las verduras.

8 Antes de servir, esparza piñones y virutas de ricotta sobre la pasta y corone con un chorrito de aceite.

SOPA DE MISO CON FIDEOS DE MAÍZ

1

2

3

4

1 Pele el jengibre y córtelo en rodajas.

2 Corte la zanahoria primero en rodajas y después en cuartos.

3-4 Pele el daikon y córtelo en tiras. Corte el repollo en tiras finas.

Puede sustituir los fideos de maíz, que puede encontrar en comercios especializados, por espaguetis de trigo sarraceno (llamados udon).

5

6

7

8

5 Pele el puerro y píquelo.

6 Ponga todo en 1,5 l de agua con el jengibre. Lleve a ebullición. Cueza tapado durante 15 min.

7 Añada los fideos de maíz en la cacerola y finalice la cocción.

8 Antes de servir, diluya el miso en un poco de líquido y añádalo a la preparación sin dejar que hierva.

ENSALADA DE MAÍZ DE COLORES

1

2

3

4

1 Lave la escarola y la achicoria con cuidado y séquelas bien.

2 Lave el brócoli, deseche la parte más dura del tallo y córtelo en ramitos.

3 En una sartén, ponga 1 c de aceite de oliva virgen extra, añada el ajo y deje que se dore durante 1 min, aprox.

4 Agregue los ramitos de brócoli, sale y cueza, removiendo a menudo, durante 6-7 min; la verdura debe estar crujiente y tener un color verde brillante.

5

6

7

8

9

10

5 Abra las nueces y córtelas en 4 partes cada una procurando no desmenuzarlas.

6 Trocee la escarola y la achicoria con las manos en una ensaladera grande.

7-8 Añada el brócoli, el maíz y las nueces.

9 Emulsione 2 c de aceite, 1/2 c de salsa de soja y 1/2 c de vinagre balsámico.

10 Aliñe la ensalada de maíz y verduras con la emulsión que ha preparado y sirva.

Según la medicina china, el maíz tiene propiedades diuréticas y regula las funciones digestivas. Además, no contiene gluten.

EMPANADA CON CREMA DE BRÓCOLI

1

2

3

4

1 Forme un volcán con la harina sobre la superficie de trabajo. Vierta 3 c de aceite en el centro; añada una pizca de sal y unos 75 ml de agua caliente. Amase hasta que obtenga una masa elástica.

2 Deje que la bola de masa repose bajo una olla colocada al revés previamente calentada.

3 En una cacerola, con dos dedos de agua con sal, cueza el brócoli cortado en ramitos junto con el ajo laminado.

4 Ponga el brócoli en un cuenco y añada los piñones, el queso de oveja y la guindilla.

5

6

7

8

5 Bata todos estos ingredientes hasta que obtenga una crema.

6 Extienda 2/3 de la masa con el rodillo hasta que quede fina. Forre un molde de 26 cm de diámetro con la masa obtenida.

7 Vierta el relleno a base de crema de brócoli sobre la masa en el molde.

8 Cubra con el resto de masa. Pinche la superficie con un tenedor, pincélela con aceite y hornee la empanada a 180 °C durante 25 min.

PASTEL DE COPOS DE AVENA CON CHAMPIÑONES

1 Sobre una tabla de cortar, corte el puerro por la mitad y después en tiras finas.

2 Corte la zanahoria en cuñas. Corte los champiñones en láminas, después de desechar el extremo terroso del pie.

3 Sofría el puerro y la zanahoria con 2 c de aceite de oliva virgen extra en una sartén grande durante 5 min.

4 Una vez transcurrido este tiempo, añada los champiñones, sale y cueza durante 7-8 min.

5 Vierta los copos de avena y deje que se doren ligeramente.

6 Agregue el tomillo y el caldo vegetal y prosiga la cocción durante 5 min más.

7 Pincele una bandeja de hornear con aceite para que no se enganche el pastel durante la cocción y espolvoréela con harina de maíz.

8 Reparta la mezcla de manera uniforme para obtener una capa de 2 cm de grosor, complete con más harina y corone con un chorrito de aceite. Hornee el pastel a 200 °C durante 10 min.

PASTEL DE MIJO Y CALABAZA

1 Corte la cebolla muy fina y dórela con la salvia, el ajo y 2 c de aceite.

2 Transcurridos 5 min, añada la calabaza pelada y cortada en dados; remueva para que se fusionen los sabores.

3 Aparte la cacerola del fuego, retire el ajo y la salvia e incorpore el mijo; remueva y rectifique de sal.

4 Agregue 1 vaso de agua (o de caldo vegetal) y cueza.

5 Pincele con aceite una bandeja de hornear y reparta el mijo en una capa de 1,5-2 cm aprox.

6 Corone con aceite y romero; hornee el pastel a 200 ºC hasta que esté dorado y sírvalo.

CUSCÚS DULCE CON ESPECIAS

1

2

3

4

1 Lleve agua a ebullición con la vaina de vainilla abierta, un trozo de corteza de limón y el cardamomo chafado; deje que repose tapado.

2 Enjuague las pasas y escúrralas; pique los dátiles sobre una tabla de cortar con un cuchillo de hoja lisa.

3 Ponga todo, mientras aún esté caliente, en un cuenco con el cuscús y remueva; cuele el agua aromatizada y añádala. Tape el cuenco y que el cuscús aumente de volumen durante 10 min.

4 Rocíe unos moldes individuales con un poco de agua y recúbralos por dentro con el coco rallado.

5 Llene los moldes con el cuscús y nivele bien su superficie.

6 Pele el jengibre y rállelo.

7 Exprima la pulpa obtenida hasta conseguir 1 c de zumo.

8 Pele la piña, las fresas y los kiwis, y córtelos en dados pequeños.

9 Condimente la fruta con el azúcar y el zumo de jengibre.

10 Desmolde el cuscús y sírvalo con la macedonia.

TARTA DE MANZANA CON QUINOA

1 Amase la harina, la ricotta, el aceite, la malta, la sal, la levadura, la corteza de naranja y un poco de agua templada. Deje que la masa repose durante 20 min en el frigorífico envuelta en un paño húmedo.

2 Cueza las manzanas cortadas en rodajas con 2 c de agua y la canela durante 5 min y deje que reposen. Corte la masa por la mitad y extienda las dos porciones hasta que queden finas.

3 Forre el fondo de una bandeja de hornear de 20 cm de diámetro con una porción de masa.

4 Distribuya una capa de mermelada de naranjas amargas sobre la masa.

5 Reparta por encima las manzanas y las almendras tostadas.

6 Cubra el relleno de manzanas y almendras con la otra porción de masa.

7 Cierre los bordes de la masa y pínchela con un tenedor para que no aumente de tamaño durante la cocción.

8 Para dar un toque brillante a la tarta, píncélela con un poco de mermelada de naranjas diluida en agua. Hornéela a 180 °C durante 45-50 min.

PASTELITOS DE MIJO CON SALSA DE FRAMBUESA

1 Cueza el mijo en la leche durante 20 min con la corteza de limón y la vainilla.

2 Retire el recipiente del fuego, deseche la corteza de limón y la vainilla, añada la malta y remueva bien.

3 Enjuague las pasas y agréguelas junto con las almendras; mezcle bien.

4 Unte ligeramente 4 moldes individuales de 10-12 cm de diámetro y espolvoréelos con almidón de maíz.

5 Vierta una capa de 2 cm de la mezcla de mijo y frutos secos en los moldes y hornéelos a 180 °C durante unos 15 min.

6 Mientras, prepare la salsa en un cazo: diluya el almidón con un poco de zumo de manzana.

7 Añada las frambuesas y, sin dejar de remover, lleve a ebullición.

8 Retire el recipiente del fuego, endulce con la miel y bata. Desmolde los pastelitos de mijo y sírvalos acompañados de la salsa y decorados, si lo desea, con frambuesas frescas.

POLENTA DULCE

150 g de harina de maíz

100 g de orejones de albaricoque ecológicos

450 ml de agua

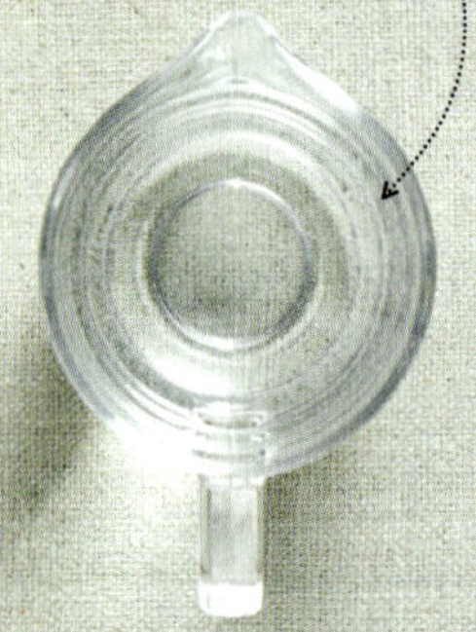

50 g de avellanas tostadas

5 c de miel de flores silvestres

1 Prepare la polenta; para ello, lleve el agua a ebullición, añada la harina y remueva durante 10 min.

2 Corte las avellanas en cuartos y los orejones en trozos.

3 Retire el recipiente del fuego, incorpore los orejones y las avellanas a la polenta y remueva.

4 Cuando hayan transcurrido 5 min, agregue la miel y remueva bien.

5 Vierta la preparación en una fuente de hornear y extiéndala hasta obtener un grosor de 1-2 cm. Deje que se enfríe.

6 Corte la polenta dulce con avellanas y orejones en rombos y sírvala.

habas de mung
alubias pintas
guisantes partidos
lentejas rojas
alubias blancas
alubias rojas
habas
lentejas
alubias negras
alubias azuki
soja
alubias grandes

legumbres

Sabrosas, versátiles y variopintas, son una fuente muy importante y alternativa no solo de proteínas, sino también de vitaminas y oligoelementos.

LEGUMBRES

Las legumbres (guisantes, garbanzos, habas, alubias, lentejas, soja, altramuces o almortas) son semillas de las plantas pertenecientes a la familia de las papilionáceas y son una auténtica mina desde el punto de vista de las propiedades nutricionales. Para muchos pueblos y durante muchos siglos, las legumbres han representado la única alternativa proteica a la carne, y resulta interesante observar que entre estas poblaciones las patologías cardiovasculares y el cáncer no han tenido una incidencia tan significativa como en los países más ricos y carnívoros.

Se les acusa erróneamente de que engordan, de que tienen unos tiempos de cocción demasiado largos, de que son indigestas o de que causan hinchazón, y así se han convertido en un alimento que solo en raras ocasiones aparece en nuestras mesas cuando, en cambio, deberían estar muy presentes en la cocina.

Las legumbres son muy ricas en proteínas, y los aminoácidos que las componen complementan los de los cereales a la perfección. Además, son el grupo de alimentos con más fibra, son ricos en oligoelementos (cobre, manganeso, zinc, yodo y hierro), en vitaminas resisten-

TABLA PARA LA COCCIÓN DE LAS LEGUMBRES

	tiempo de cocción en minutos	tiempo en remojo
alubias	60-120	12-24 h
azuki	60-75	8 h
garbanzos	90-120	12-24 h
guisantes desgranados	60	4h
habas con piel	90-120	12-24 h
habas de mung	45-60	6 h
lentejas	30-80	0-6 h
soja negra	120	24 h

tes al calor, como B1, B2 y PP, y no contienen colesterol. Además, las legumbres regulan la glucemia, favorecen el tránsito intestinal, reducen el colesterol y, en general, protegen de las enfermedades de la civilización.

Sus únicos inconvenientes son que pueden provocar meteorismo y, en ocasiones, pueden ser difíciles de digerir. Sin embargo, basta con tomar algunas precauciones para disfrutar plenamente de todas las propiedades de estas «semillas maravillosas». Es necesario ponerlas en remojo (los tiempos varían en función del tamaño de las semillas) y desechar el agua antes de proceder a su cocción. Se deben cocer bien (las legumbres que no están del todo hechas son indigestas) en agua durante el tiempo necesario (ver tabla), a fuego lento y con hierbas aromáticas como el laurel, la salvia o la ajedrea, o especias como las semillas de hinojo, todas ellas con propiedades digestivas y carminativas. También es mejor no servir demasiadas en una misma comida. Por todos estos motivos, es recomendable comer legumbres con frecuencia para que nuestro intestino se acostumbre a asimilarlas.

Utilizar legumbres germinadas (entre las más conocidas y extendidas podemos citar las de soja verde o mung), que se pueden encontrar en las verdulerías o en los supermercados, es otro modo de llenarse de vitalidad y sabor sin necesidad de cocción.

Otro motivo por el cual sería necesario aumentar el consumo de legumbres es que, además de ser beneficiosas para nuestro organismo, son buenas para el planeta, ya que la producción de legumbres requiere diez veces menos recursos que la de carne u otras proteínas animales.

lentejas a la oriental

Desgrane cuidadosamente una granada en un cuenco y añada 300 g de lentejas cocidas, el zumo de 1 limón, 2 c de perejil picado y aceite de oliva virgen extra. Mezcle, rectifique de sal y deje que repose durante al menos 1/2 hora antes de servir.

garbanzos

El uso alimentario de los garbanzos se remonta a unos 5 000 años. Como las plantas de los garbanzos tienen unas raíces muy profundas, pueden soportar climas muy secos. Los garbanzos son ricos en sustancias (saponinas y glucósidos) que son muy eficaces para favorecer la eliminación del colesterol por vía fecal y reducen los riesgos relacionados con las enfermedades cardiocirculatorias y la hipercolesterolemia. Por tanto, las personas hipertensas y obesas deberían consumirlos de forma habitual, pues además de ser moderadamente laxantes también son diuréticos. También son muy beneficiosos por su riqueza en oligoelementos: magnesio, calcio, fósforo, hierro y potasio. Y en cocina tienen infinitos usos, como en las clásicas pastas en varios formatos, en potajes, sopas, empanadillas, etc.

habas

Poco utilizadas actualmente en Europa, siguen siendo un alimento muy extendido en Oriente Próximo y Extremo Oriente. En la antigua Grecia y en Roma su consumo era muy habitual, y las referencias simbólicas a las habas eran importantes; por ejemplo, se asociaban al culto a los muertos y se usaban en los ritos religiosos relacionados con los difuntos. Esta relación particular tal vez se deba al color de las flores de su planta, que son blancas con rayas negras, una combinación poco frecuente en el mundo vegetal. Son ricas en proteínas, fibra y sales minerales: potasio, fósforo, calcio, sodio y hierro; tienen una acción tónica, diurética y laxante gracias a la fibra que contienen.

lentejas

Se consumen desde la Antigüedad; ya eran conocidas en el año 7000 a. C. Las produce una planta resistente a la sequía y adaptada perfectamente a su cultivo en terrenos semiáridos y con un clima templado. Son un alimento sabroso y rico en propiedades gracias a su alto contenido de proteínas, carbohidratos, sales minerales (potasio, fósforo, magnesio, calcio, cobre y hierro), vitaminas (B1, B2, PP) y fibra. Tienen una acción antioxidante, son fáciles de digerir, regulan las funciones intestinales y se recomiendan en caso de anemia y a las mujeres embarazadas o en periodo de lactancia. Son ideales en sopas y para dar sabor a los potajes; combinan muy bien con la pasta y los cereales, y son un ingrediente perfecto para elaborar salsas vegetarianas y apetitosas croquetas.

azuki

Son unas pequeñas alubias de color rojo muy utilizadas en la cocina japonesa. Son una buena fuente de minerales y tienen excelentes propiedades nutricionales. Son fáciles de digerir, diuréticas y depurativas, y, además, ayudan a mantener la salud de nuestro sistema inmunitario. Por lo general, se cocinan con alga kombu o con una hoja de laurel. Combinan muy bien con la calabaza y se usan también para elaborar sabrosos patés para acompañar cereales y verduras. En China y Japón se utilizan, además, para hacer dulces tradicionales.

guisantes

Su planta tiene un origen muy antiguo y procede de Asia. Los guisantes recién recolectados son exquisitos por su sabor fresco y dulce. Son las legumbres que mejor se conservan congeladas, que es como se suelen usar en Occidente, mientras que en Oriente se consumen sobre todo secos y partidos. Los guisantes frescos son un alimento hipocalórico con un buen contenido en proteínas vegetales, son ricos en potasio y contienen también fósforo, calcio, hierro y vitaminas C y del grupo B. Tienen propiedades diuréticas, estimulan el tránsito intestinal, refuerzan el sistema inmunitario y son una buena fuente de hierro en caso de padecer anemia. Al contener fitoestrógenos son útiles también para aliviar los síntomas de la menopausia. Los guisantes frescos se usan como guarnición en platos de pasta y arroz, en ensaladas de cereales, sopas, potajes y cremas; los secos se utilizan en la elaboración de cremas, purés, albóndigas y pasteles salados.

habas de mung

Son conocidas también como «habas indias» y, en ocasiones, se las denomina de manera incorrecta «soja verde». Se utilizan mucho germinadas y se encuentran a menudo en las mezclas de legumbres para preparar sopas. Como son muy pequeñas, tienen un tiempo de cocción bastante breve (1 h aprox.). En Oriente también se usan para elaborar los llamados espaguetis de soja. Según la medicina china, purifican el calor y son desintoxicantes para las afecciones urinarias, como la cistitis.

cacahuetes

Pese a que se relacionan con las semillas oleaginosas, pertenecen a las leguminosas. Su planta procede de Brasil y se comercializan siempre tostados para impedir que se forme moho o se enrancien, debido a su alto contenido en aceite. En sus países de origen se consumen hervidos en sopas, con verduras u otras legumbres, o bien fritos. En África son una fuente de proteínas fundamental en la alimentación tradicional. Otro de sus usos, muy extendido en Estados Unidos, es en forma de mantequilla, que se emplea en elaboraciones dulces y saladas o, simplemente, untada con pan. Los cacahuetes son ricos en proteínas y grasas, y tienen un buen contenido en magnesio, calcio y fósforo, además de mucha fibra alimentaria. Al ser muy nutritivos, están indicados en todos los casos de agotamiento o de aumento de las necesidades energéticas, como durante la lactancia o cuando se desarrolla una actividad física muy intensa. En esta obra aparecen en una receta (ver p. 190) elaborada con semillas oleaginosas.

alubias

Junto con los garbanzos, son una de las legumbres más consumidas en España. Las actuales variedades blancas, negras y rojas proceden de América, mientras que las alubias carilla son la variedad típica de Europa, África y Asia. Se usan tanto frescas como secas; en este último caso, se deben dejar en remojo para que se rehidraten antes de cocerlas. Existe, además, la variedad de la que se consume todo, las judías verdes, que se consideran verdura pese a pertenecer a la familia de las alubias.

Las alubias son un alimento muy nutritivo y representan una buena fuente de proteínas vegetales; combinadas con cereales (como se hallan en todas las cocinas tradicionales), poseen un valor nutritivo similar al de la carne y a los de otras proteínas animales. Gracias a su alto contenido en fibra, favorecen el tránsito intestinal y son útiles en caso de estreñimiento o de hemorroides. Además, reducen el colesterol y los triglicéridos y tienen un efecto beneficioso en la regulación de la glucosa en sangre. Son innumerables las recetas en las que son protagonistas, desde las infinitas versiones de pasta con alubias hasta ensaladas, tortillas o como acompañamiento de distintas verduras.

soja

Ya se usaba en la alimentación china en el año 3000 a. C, mientras que en Occidente se empezó a consumir mucho después (de hecho, los primeros cultivos se remontan a 1929). En la actualidad, se emplea principalmente para la cría de ganado, y los mayores productores mundiales son Estados Unidos y Brasil. Es muy rica en proteínas, grasas buenas, lecitina, vitaminas y minerales. Sin embargo, al no ser fácil de utilizar en estado natural, es decir, en remojo y cocida como las demás legumbres, recurrimos a la tradición oriental, que la ha convertido en un alimento sabroso y versátil. Su derivado más famoso y consumido es la leche de soja, que se obtiene después de dejar la soja en remojo durante 24 h, de colarla y batirla con una cantidad de agua equivalente a tres veces el peso de la legumbre y de cocerla a continuación durante 15 min. A continuación se cuela y el líquido que se obtiene es la leche de soja. Esta se consume como bebida, para elaborar postres y distintas salsas. La pulpa que queda, y que en Oriente se llama *okara,* se utiliza para elaborar deliciosas albóndigas o para añadir a las masas de crackers o palitos de pan para aumentar sus proteínas.

Miso. De la soja y por fermentación con sal y arroz o cebada se obtiene el miso, alimento extraordinariamente rico en proteínas, enzimas y fermentos lácteos, y beneficioso para la digestión y para reforzar la flora intestinal. Se usa para enriquecer sopas o para elaborar deliciosas salsas para acompañar cereales o verduras. Para aprovechar al máximo sus propiedades se añade siempre al final de la cocción.

Salsa de soja y tamari. Se obtienen dejando fermentar las habas de soja (durante al menos 3 meses) en barriles de madera con sal y fermentos; en la preparación de la salsa de soja, o shoyu, se añade también trigo, y la salsa tiene un sabor más delicado (el tamari, en cambio, no contiene gluten). En cocina, se utilizan para dar sabor a verduras, pescado y semillas, o como ingrediente de distintas salsas. Según la medicina china, el shoyu refresca y tiene una acción desintoxicante.

APERITIVO CON CREMAS DE ALUBIAS

1

2

3

4

1 Para preparar el hummus rojo de alubias blancas, pele la remolacha y córtela en trozos grandes.

2 Corte el diente de ajo por la mitad y deseche el germen del centro; a continuación, pique una de las mitades muy fina sobre una tabla de cortar.

3 Condimente las alubias y la remolacha con 2-3 c de aceite, vinagre, pimienta, salsa de soja y tahina.

4 Bata los ingredientes que ha condimentado con la batidora hasta obtener una crema.

5 Añada al final el ajo picado y, si lo desea, cebollino; rectifique de sal.

6 Para elaborar el paté de alubias, deje las alubias negras en remojo durante 12 h; transcurrido ese tiempo, cuézalas con las hierbas aromáticas durante unos 75 min.

7 Escurra las legumbres (reserve un poco de líquido para hacer más paté en caso de necesidad). Sazónelas en una ensaladera con el miso, 1 ajo picado, guindilla y 1 c de salsa de soja.

8 Bátalo todo. Antes de servir, condimente el paté con un poco de vinagre balsámico y aceite de oliva virgen extra a su gusto. Sirva las cremas con verduras crudas cortadas en tiras para mojar.

SÁNDWICHES DE CALABACÍN Y CREMA DE HABAS

1

2

3

4

1 Pele los calabacines y córtelos a lo largo.

2 Áselos sobre una plancha rayada de hierro fundido y condiméntelos con sal, aceite, vinagre balsámico y orégano.

3 Escalde las habas durante 3 min. Tritúrelas con la batidora con los demás ingredientes, salvo el aceite y el queso de oveja, que se deben añadir al final.

4 Corte los calabacines en dados de 3-4 cm de lado y forme los sándwiches con el paté de habas.

CREMAS DE LEGUMBRES PARA APERITIVO

1 Para preparar la crema de lentejas, enjuague las lentejas y cuézalas en el caldo con el laurel durante 25 min; el líquido será absorbido y las lentejas quedarán cremosas. Deseche el laurel.

2 Pique las chalotas muy finas y rehóguelas en la sartén con un chorrito de aceite procurando que no se doren; añada el curry y la guindilla y deje aromatizar durante 1 min.

3 Cueza las lentejas removiéndolas durante 2 min. Viértalas en una fuente con los anacardos y bátalas con la batidora de inmersión hasta obtener una crema. Condimente con sal, aceite y perejil picado.

4 Para elaborar la crema de habas, dore la cebolla cortada con 2 c de aceite; transcurridos 7-8 min, añada las habas, que habrá dejado en remojo 6 h, enjuagadas y escurridas, y 400 ml de agua.

5 Cueza hasta que las habas se deshagan. Si es necesario, agregue más agua caliente durante la cocción. Fuera del fuego, bátalo con la batidora de inmersión hasta obtener una crema.

6 Sazone con sal, aceite y zumo de limón y mézclelo todo bien. Dé el toque final al plato con perejil y pimentón.

7 Para el paté de garbanzos y nueces, pique la cebolla muy fina y rehóguela en la sartén con el aceite durante 10 min; añada los garbanzos y deje aromatizar 6 min más; rectifique de sal.

8 Fuera del fuego, bata los garbanzos con las nueces y vierta el vinagre y la salsa de soja. Sirva las cremas acompañadas con picatostes o crudités.

ENSALADA DE LECHUGA CON SALSA DE RÚCULA

1 lechuga

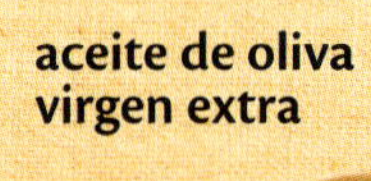

2 ramitos de rúcula

aceite de oliva virgen extra

2 c de zumo de limón

300 g de alubias grandes hervidas

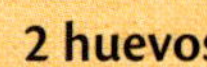

2 huevos

sal

2 rebanadas de pan

2 tomates

vinagre balsámico

1 Cueza los huevos durante 5 min.

2 Reblandezca el pan con un poco de agua y zumo de limón.

3 Bata los huevos duros con la rúcula y 2 c de aceite hasta obtener una crema; rectifique de sal.

4 Corte los tomates en rodajas no demasiado finas.

5 Lave la lechuga y escúrrala; añádala a los tomates y sazone con sal, aceite y vinagre.

6 Agregue las alubias y condimente después con la salsa de rúcula.

CREMA DE HABAS CON VERDURAS SALTEADAS

1 Deje las habas en remojo 6 h; después cuézalas con la zanahoria, la cebolla, el apio y el hinojo en 600-700 ml de agua durante 1 h.

2 Cuando las habas se deshagan, retírelas del fuego, deseche el hinojo y el apio y bata con aceite y sal.

3 Lave las verduras y deseche las partes más duras de las mismas (tallos, partes sin hojas de la achicoria...).

4 Hierva las verduras durante unos pocos min en agua con una pizca de sal. Reserve un cucharón del agua de la cocción.

5 Dore el ajo y la guindilla en un wok. Incorpore las verduras y cueza durante 10 min; remueva de vez en cuando.

6 Añada el agua reservada para evitar que se sequen los ingredientes. Sirva la crema con las verduras.

ENSALADA DE TRIGO, AZUKIS VERDES Y PICADILLO DE ALCAPARRAS

1

2

3

4

1 Deje el trigo en remojo en dos partes de agua durante 8 h. Transcurrido este tiempo, cuézalo en su agua de remojo.

2 Enjuague cuidadosamente las alcaparras para desalarlas y póngalas en un cuenco con las almendras, la albahaca y el aceite. Bátalas con la batidora de inmersión hasta obtener una crema.

3-4 Corte los calabacines en forma de media luna y los tomates en cuartos.

Según la medicina china, el trigo en grano refresca, por lo que es apto para consumirlo en verano. Tiene una acción calmante, ideal para las personas nerviosas, especialmente los niños.

5 Fría los calabacines en una sartén antiadherente con un chorrito de aceite y el ajo laminado; sazone con sal y aceite.

6 Coloque los tomates en una ensaladera y condiméntelos con aceite de oliva virgen extra y orégano.

7 Añada las alubias azuki cocidas a los calabacines fritos en la sartén.

8 Agregue el trigo y remueva bien; sirva la ensalada con el picadillo de alcaparras.

CREMA DE GUISANTES Y LECHUGA

1 Pele las patatas y córtelas en trozos pequeños. Corte la cebolleta y rehóguela en 1 c de aceite.

2 Transcurridos 5 min, añada los guisantes desgranados, y 3 min después, la patata cortada en trozos pequeños.

3 Unos 2 min más tarde, incorpore la lechuga troceada, y 2 min después, vierta el caldo.

4 Cueza durante 25 min. Bata todo con la batidora de inmersión hasta obtener una crema.

5 Mezcle la nata con el yogur, una pizca de sal y pimienta y el cebollino.

6 Sirva la crema de guisantes con 1 c de crema de nata y yogur.

SOPA DE GARBANZOS, FARRO Y CALABAZA

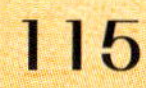

1 Deje el farro en remojo en 2 partes de agua y, por separado, los garbanzos durante toda una noche.

2 Pele la calabaza, quite las semillas y córtela en dados.

3 Pique la cebolla muy fina y sofríala con un chorrito de aceite en una cacerola de fondo grueso o de barro.

4 Añada la calabaza, el apio cortado muy fino y las hierbas aromáticas al sofrito y cueza durante 5 min.

5 Enjuague y escurra los garbanzos y agréguelos. A los 2 min, incorpore el farro con el agua de remojo y sale.

6 Cueza tapado 2 h; si es necesario, añada agua caliente. Deseche las hierbas aromáticas y condimente con aceite.

SOPA CON ALUBIAS CARILLA

1

2

3

4

1 **Limpie el puerro y córtelo. Corte el apio y las zanahorias muy finas.**

2 **Lave las acelgas y córtelas en trozos no demasiado pequeños.**

3-4 **Corte la col rizada. Pele la calabaza y córtela en trozos pequeños.**

Las alubias carilla son las semillas de las judías verdes (*Vigna sinensis* o *Dolichos lablab*) una vez han alcanzado la madurez, y ya se usaban antes de la llegada de las alubias americanas a nuestras mesas.

5 Ponga el puerro, el apio y las zanahorias en una cacerola con 2 c de aceite y saltéelos durante 3 min.

6 Añada las alubias, que habrá dejado en remojo durante 8 h, y las demás verduras cortadas en trozos pequeños. Deje que se aromaticen bien.

7 Agregue el caldo y cueza a fuego fuerte durante 30 min.

8 Incorpore el arroz y prosiga la cocción durante 20 min más. Sale y, fuera del fuego, condimente generosamente con aceite de primer prensado.

MALTAGLIATI DE FARRO CON JUGO DE ALUBIAS PINTAS FRESCAS

1

2

3

4

5

6

1 Trabaje la harina con 1 c de aceite y el agua templada necesaria para obtener una masa no demasiado dura.

2 Envuelva la masa con film transparente y deje que repose.

3 Corte la zanahoria en dados pequeños, el apio en rodajas pequeñas y la cebolla muy fina.

4 Póngalos en una cacerola de acero o de barro con 1 c de aceite, el ajo y la salvia, y dórelos.

5 Añada las alubias y los tomates cortados en dados. Cueza tapado a fuego lento durante 40 min; rectifique de sal.

6 Estire la masa hasta lograr un grosor de 2 mm. Córtela en rombos. Cueza los *maltagliati* y agréguelos al jugo de alubias.

ÑOQUIS DE PATATAS AL FARRO CON PICADILLO DE HABAS

1 Chafe las patatas sobre la superficie de trabajo y espolvoree la misma con la harina. Amase hasta que la masa esté suficientemente dura para trabajarla.

2 Enharine la superficie de trabajo y corte la masa en tiras de un diámetro de 1 cm.

3 Corte las tiras en porciones de 2-3 cm de largo para obtener los ñoquis.

4 Pase los ñoquis por una tabla especial para rallarlos, o utilice un rallador o las puntas de un tenedor.

5

6

7

8

5 Escalde las habas durante 3 min en agua con una pizca de sal.

6 Bátalas con la batidora junto con la albahaca, los piñones y el parmesano (el aceite y el queso de oveja se añadirán al final).

7 Lleve agua a ebullición, ponga los ñoquis en ella y cuézalos durante 1 min desde el momento en que suban a la superficie.

8 Escúrralos en una fuente con una espumadera y condiméntelos con el picadillo, el queso rallado y un chorrito de aceite.

POLENTA CON COL LOMBARDA Y SOFRITO DE LENTEJAS

1 Pique bien la cebolla, la zanahoria y el apio y sofríalos en una cacerola de fondo grueso (o mejor aún de barro) con aceite.

2 Trascurridos 5 min, añada las lentejas y sofríalas durante unos 10 min.

3 Incorpore el concentrado de tomate diluido en un poco de agua y la guindilla.

4 Unos 5 min después, vierta la pulpa de tomate y lleve a ebullición. Sale, tape y prosiga la cocción a fuego lento durante al menos 1 h.

5

6

7

8

5 Limpie la col; para ello, deseche la parte dura central; a continuación, córtela fina.

6 Mientras, en otra cacerola de fondo grueso, dore la chalota picada en 1 c de aceite.

7 Añada las hojas de col, cueza durante 5 min, sale, vierta el agua y lleve a ebullición.

8 Agregue la harina en forma de lluvia, de modo que no se formen grumos. Tape y cueza 15 min como mínimo. Sirva la polenta con las lentejas y dé el toque final con un chorrito de aceite.

TORTAS DE FARRO CON ALUBIAS, CEBOLLETAS Y PIMIENTOS

1

2

3

4

1 Mezcle la harina de farro con una pizca de sal y bicarbonato. Forme un volcán con la harina y vierta en el centro 2 c de aceite y 1/2 vaso de agua templada.

2 Amase y añada más agua, si es necesario, hasta obtener una masa blanda, lisa y elástica; cúbrala con film transparente y deje que repose.

3 Mientras, limpie los pimientos y córtelos en tiras.

4 Limpie la cebolleta y córtela también en tiras.

5 Dore las verduras con 2 c de aceite y el diente de ajo; sálelas cuando se reblandezcan.

6 Añada el concentrado de tomate diluido en un poco de agua caliente, tape y cueza 10 min. Incorpore las alubias.

7 Agregue la guindilla y deje aromatizar durante 5 min.

8 Estire la masa con el rodillo sobre una superficie de trabajo enharinada hasta lograr un grosor de 2-3 mm.

9 Caliente una sartén antiadherente y cueza las tortas durante 3-4 min por cada lado.

10 Rellene las tortas con los pimientos y las alubias y sírvalas calientes.

MINIHAMBURGUESAS DE VERDURAS VERANIEGAS Y HARINA DE GARBANZOS

1 Mezcle la harina con el agua en un cuenco; debe obtener una pasta muy densa. Deje que repose y rehidrátela durante al menos 3 h.

2 Limpie la berenjena, el calabacín y el pimiento, y córtelos en tiras de 0,5 x 3 cm.

3 Pique bien la cebolla y dórela con un chorrito de aceite; sale y condimente con el orégano.

4 Transcurridos 5 min, añada las verduras y saltéelas durante 3-4 min.

5 Condimente con sal y cúrcuma la pasta para rebozar.

6 Añada las verduras a la pasta y mezcle bien.

7-8 Forme las minihamburguesas. Dórelas en la sartén con un chorrito de aceite. Escúrralas sobre papel absorbente y sírvalas calientes o a temperatura ambiente.

Puede acompañar las minihamburguesas con arroz o bulgur, y se las puede llevar incluso al trabajo.

ALBÓNDIGAS DE ALUBIAS BLANCAS Y VERDURAS

1 Bata las alubias blancas hervidas con una batidora de inmersión hasta obtener una crema.

2 Corte muy finas la zanahoria, la rodaja de calabaza pelada y la hoja de col rizada.

3-4 Saltee las verduras con el ajo y 1 c de aceite de oliva virgen extra. Sale con 1 c de salsa de soja.

¿Qué hay más sabroso que unas albóndigas o unas croquetas, además de ser siempre apetitosas para los niños? El uso de cremas de legumbres permite no emplear huevos como aglutinante.

5 Vierta la crema de alubias, las verduras salteadas y el perejil picado en un cuenco. Rectifique de sal, si es necesario.

6 Espese la mezcla de alubias y verduras con un poco de pan rallado.

7 Forme las albóndigas con las manos y páselas por el pan rallado aromatizado, si lo desea, con unas hojas de tomillo.

8 En una sartén, caliente el aceite con las hierbas aromáticas y dore las albóndigas de modo uniforme (u hornéelas a 180 °C durante unos 20 min).

ESTOFADO DE AZUKIS ROJOS, CALABAZA Y PUERRO

1 Cueza los azukis en agua sin sal junto con el laurel.

2 Aparte, limpie el puerro y córtelo en rodajas gruesas sobre una tabla de cortar.

3-4 Corte la calabaza en dados del mismo tamaño. Caliente 2 c de aceite y dore el puerro durante unos minutos.

Según la medicina china, los azukis rojos son muy útiles para desintoxicar y, como todas las legumbres, tienen una importante acción diurética; así pues, no pueden faltar en las dietas hipocalóricas.

5

6

7

8

5 Añada la calabaza en la cacerola con el puerro.

6 Aromatice la calabaza y el puerro con las hierbas aromáticas.

7 Agregue la salsa de soja y cueza durante unos minutos.

8 Incorpore los azukis escurridos con un poco de líquido de la cocción; tape y cueza hasta que la calabaza esté tierna.

seitán
tempeh
tofu

tofu, seitán & cía.

Alimentos proteicos procedentes de China y Japón, fundamentales para una dieta vegetariana siempre equilibrada.

Los alimentos proteicos que se describen a continuación proceden de la tradición de Extremo Oriente y, en particular, de China y Japón, pero llevan muchos años extendiéndose por Occidente: primero, como productos muy especializados, o tan solo como curiosidades gastronómicas exóticas y, ahora, como importantes complementos de una dieta vegetariana. Está claramente demostrado que en nuestra alimentación consumimos demasiadas proteínas animales respecto a nuestras necesidades reales (una mujer adulta de unos 60 kg de peso, según estudios realizados, necesita unos 43 g de proteínas al día) y ello pone a prueba el funcionamiento de todos nuestros órganos, especialmente el hígado y los riñones. Además, el exceso de proteínas animales tiene un efecto acidificante sobre nuestro organismo, condición que se relaciona a menudo con estados inflamatorios de distinto tipo, como osteoporosis, sobrepeso y problemas cardiocirculatorios. Estos consumos excesivos recaen después en los bolsillos de todos debido al aumento de los costes sanitarios relacionados con los mismos. El uso de estas fuentes de proteínas vegetales puede aportarnos algunas ligeras y agradables variaciones en nuestros menús, por lo general hiperproteicos.

Según estudios realizados, el número de personas que se consideran vegetarianas en nuestro país aumenta un año tras otro, hecho que pone de manifiesto que el interés tanto por motivos éticos como saludables se extiende cada vez más.

TOFU, SEITÁN & CÍA.

tofu

De la leche de soja cuajada con cloruro de magnesio (u otros coagulantes vegetales) se obtiene el tofu, una especie de queso vegetal sin colesterol e ingrediente básico perfecto para elaborar mayonesas y deliciosas salsas, que resulta ideal frito o salteado con hierbas y especias y en recetas de cremas dulces. Se presenta en una masa tierna pero compacta, de color blanco-marfil. Actualmente, se puede encontrar en el mercado al natural o aromatizado con hierbas o especias. Es un alimento fácil de digerir y una buena fuente de proteínas y calcio. Por estas características está indicado para las personas que desean reducir la cantidad de proteínas animales de su alimentación. Si el tofu se consume con cereales integrales, aumenta el número de proteínas que nuestro organismo puede asimilar. Según la medicina china, es un alimento refrescante, diurético y desintoxicante.

Elaboración del tofu

500 g de habas de soja + el agua necesaria para dejarlas en remojo, 4 l de agua, 1 vaso de zumo de limón o 1 cc de cloruro de magnesio diluido en un vaso de agua.

Lave la soja y déjela en remojo durante 24 h (cambie el agua al menos dos veces), enjuáguela y bátala hasta obtener una crema con el mismo volumen de agua. Caliente los 4 l de agua en una olla, añada la crema de alubias y lleve a ebullición mientras va removiendo; el líquido se volverá espumoso y subirá; si es necesario, agregue un poco de agua fría y prosiga la cocción a fuego lento durante 3-4 min. Vierta la mezcla en un colador forrado con una estameña, colocado en un recipiente, y escúrrala bien. Caliente la preparación a 90 °C, apague el fuego y deje que cuaje con el zumo de limón o el cloruro de magnesio. Deje que repose para que la parte cuajada se separe del líquido y cuele el tofu; para ello, viértalo en un paño fino y presiónelo con un peso. Se conserva en el frigorífico durante una semana sumergido en agua. Si se vuelve a cocer durante 20 min, la crema de alubias que queda, llamada okara, se puede utilizar para enriquecer masas de crackers y palitos de pan para acompañar sopas, o en pasteles de verduras y sabrosas croquetas.

SEITÁN CON ALCACHOFAS
Y HABAS TEMPRANAS

Vierta un chorrito de aceite y agregue 2 chalotas cortadas en rodajas finas en una sartén grande; sofría durante 3 min y añada 320 g de seitán cortado en lonchas y dórelo. Transcurridos 5 min, incorpore 2 alcachofas espinosas limpias y cortadas en cuñas finas y cueza durante 6-7 min más. Por último, añada 300 g de habas frescas hervidas y prosiga la cocción durante 3 min más. Sirva el seitán caliente o templado con un chorrito de aceite.

Elaboración del seitán

1 kg de harina blanca de trigo + 150 g de otro tipo de harina, 500 ml aprox de agua caliente para amasar, 2 l de agua para la primera cocción + 1 c de sal marina integral, 1 l de agua para la segunda cocción, 3 c de salsa de soja, 1 cebolla pequeña, 1 zanahoria, 5 cm de alga kombu, 1 diente de ajo, 4 rodajas de jengibre fresco, 1 hoja de laurel, 2 clavos

Vierta la harina en un cuenco grande, añada el agua caliente y empiece a amasar. Coloque la masa sobre la superficie de trabajo enharinada y trabájela hasta que esté lisa y elástica; agregue harina en caso de que se adhiera a la superficie de trabajo. Ponga de nuevo la masa en el cuenco y cúbrala con agua caliente; deje que repose durante 30 min. Ponga el cuenco en el fregadero, retire el agua y empiece a lavar la masa añadiendo más agua caliente. Trabaje la masa con las manos bajo el agua, que se volverá del color de la leche a medida que se vaya desprendiendo el almidón. Cuele el agua y siga lavando y amasando; para ello, alterne agua caliente y fría hasta que desaparezca todo el almidón y quede una bonita bola elástica de gluten. Por último, lave la bola en agua fría para estabilizar la cohesión del gluten.
Lleve a ebullición los 2 l de agua con la sal, corte el seitán en porciones con un cuchillo y cuézalas hasta que suban a la superficie, después de entre 5 a 10 min. Cuele el seitán y espere a que esté listo el caldo para la segunda cocción.
Vierta en una cacerola 1 l de agua con las verduras, el alga, la salsa de soja y las especias y aromatizantes; deje hervir tapado durante 15 min. Añada el seitán y cueza tapado durante 30-60 min según el tamaño de las porciones. Deje que el seitán se enfríe en el caldo; cuando esté frío, estará listo para su consumo. Se puede conservar en el frigorífico durante 4-5 días, cubierto de caldo, en un recipiente cerrado herméticamente.

seitán

Es un alimento rico en proteínas vegetales que se obtiene de la harina de trigo que, una vez amasada, se lava repetidas veces para eliminar todo el almidón. De este modo, se obtiene una mezcla un poco gomosa que prácticamente solo contiene gluten, que se cuece con salsa de soja, jengibre y alga kombu, y está lista para posteriores cocciones. Se encuentra en el mercado refrigerado y envasado al vacío o en tarros esterilizados de larga conservación. Si se acompaña de legumbres, proporciona una comida proteica completa y del todo vegetal. Es un alimento muy sabroso que sirve para preparar apetitosas recetas; se puede rebozar, freír o asar con hierbas y especias, y, además, sirve de ingrediente básico de deliciosos sofritos vegetales.

tempeh

Se obtiene de las habas de soja cocidas y fermentadas a unos 30 °C con una levadura activa. Tiene el aspecto de un panecillo crujiente de color amarillo y sabor agradable que recuerda a la carne de pollo. Es un alimento proteico, rico en sales minerales (calcio y hierro), vitaminas (B1 y B6), aceites insaturados y lecitinas, y es fácil de digerir y asimilar. Gracias a la fermentación de la soja, aumenta el valor biológico de sus proteínas; así pues, el tempeh es un alimento proteico, nutritivo, pobre en grasas, muy digerible y sin nada de colesterol. Se consume frito y cortado en rodajas, salteado con verduras, asado a la parrilla u horneado.

TOFUNESAS A LAS HIERBAS

1 Vierta la harina de maíz en forma de lluvia en 700 ml de agua con sal. Cueza 15 min a fuego lento. Remueva.

2 Fuera del fuego, añada la salsa pesto a la polenta y mezcle bien.

3 Extienda la polenta en una bandeja en una capa de 2 cm.

4 Hierva el tofu cortado en porciones con agua y 4 c de vinagre y escúrralo.

5 Condimente 4 lonchas de tofu con el limón, 5 c de aceite, las alcaparras, los pepinillos en rodajas y la salsa de soja.

6 Bata con la batidora de inmersión hasta obtener una crema lisa y densa.

7 Divida la salsa en 4 partes: en la primera, añada las aceitunas, la rúcula, 2 cc de vinagre y sal, y bátala.

8 En la segunda, agregue las hierbas picadas y rectifique de sal, si es necesario.

9 En la tercera, incorpore el curry y mezcle bien.

10 En la cuarta, añada la mostaza, la remolacha cortada en dados, 1 c de vinagre, sal y pimienta, y bátala.

11 Chafe la última loncha de tofu con el tenedor y agregue el miso. Corte las aceitunas y las alcaparras muy finas.

12 Mézclelas con el tofu y vierta 1 c de aceite. Corte la polenta en rodajas y sírvala con las salsas.

SOPA DE TOFU PICANTE CON MISO, ZANAHORIAS Y PIMIENTO

1

2

3

4

1 Limpie el pimiento y córtelo en tiras sobre una tabla de cortar.

2 Limpie las cebolletas y córtelas en tiras.

3-4 Corte las zanahorias en trozos pequeños y el tofu en dados. Pele el jengibre y córtelo en 4-5 rodajas.

Tradicionalmente, una comida china se inicia siempre con una sopa, que tiene la función de potenciar la digestión.

5 Caliente el aceite en una cacerola y saltee las verduras previamente cortadas y el jengibre.

6 Añada el tofu y deje que se aromatice; vierta el caldo vegetal y cueza a fuego medio durante 8 min.

7 Diluya el almidón en un poco de agua y viértalo en la sopa; prosiga la cocción durante 2 min sin dejar de remover.

8 Diluya el miso en un poco de líquido caliente y añádalo a la sopa. Sírvala muy caliente en cuencos.

BASMATI A LA CÚRCUMA CON TOFU FRITO

1

2

3

4

1 Corte el tofu en lonchas y el ajo y las chalotas en láminas y emplátelos.

2 Corte el romero y la salvia muy finos con la ayuda de un cuchillo de media luna.

3-4 Aromatice el tofu con las hierbas y la guindilla y condiméntelo con la salsa de soja. Cueza el arroz en agua con sal aromatizada con cúrcuma.

El tofu cuando se fríe con especias, aromatizantes y condimentos variados resulta irresistible y, acompañado de algún tipo de cereal en grano, constituye un verdadero plato único.

5 Mientras, limpie las achicorias, escúrralas, trocee las hojas más grandes con las manos y colóquelas en un cuenco.

6 Condimente las achicorias con sal, aceite de oliva virgen extra y vinagre balsámico.

7 Caliente 2 c de aceite en una sartén y fría las lonchas de tofu con las chalotas y el ajo.

8 Cuando estén doradas, añada las semillas de girasol y dórelas ligeramente. Sirva el tofu acompañado del arroz y de la ensalada de achicorias.

GULASH DE SEITÁN CON PATATAS PICANTES Y ALUBIAS GRANDES

1

2

3

4

1 Pele las cebollas, límpielas y córtelas en rodajas finas.

2 Rehóguelas a fuego lento con 2 c de aceite de oliva virgen extra.

3-4 Añada el seitán cortado en trozos de 3-4 cm; sale y dore a fuego fuerte. Vierta el vino y deje que se evapore. Espolvoree con pimentón y deje que se aromatice.

Esta es la versión vegana de un plato emblemático de la cocina centroeuropea. Cuando se cocina de la manera correcta, el seitán tiene un sabor y una consistencia similares a los de la carne.

5 Añada a la cacerola el concentrado diluido en un poco de agua.

6 Agregue las hierbas y cueza tapado durante 30 min; vierta agua, si es necesario.

7 Pele las patatas y córtelas en trozos.

8 Corte la guindilla muy fina junto con el perejil, el comino y, si lo desea, 1 diente de ajo.

9 Ponga las patatas y las alubias en un cuenco.

10 Condiméntelas con el picadillo, el aceite, el limón y la sal. Sirva el gulash con la ensalada de patatas.

MEDALLONES DE SEITÁN, ZANAHORIAS, PATATAS Y GUISANTES

1 Corte la cebolleta y el seitán muy finos. Dórelos en 1 c de aceite y laurel.

2 Añada las zanahorias cortadas y los guisantes; deseche el laurel, rectifique de sal y cueza durante 10-12 min.

3 Fuera del fuego, mezcle las patatas con el seitán en un cuenco.

4 Forme medallones y páselos por la harina de maíz. Colóquelos en una bandeja de hornear engrasada con aceite.

5 Agregue los rábanos a las ensaladas. Aliñe con aceite, 2 c de zumo de limón y sal.

6 Sazone los medallones con aceite y hornéelos a 200 °C durante 10 min. Sírvalos con la ensalada.

SEITÁN EMPANADO CON JUDÍAS VERDES FRITAS Y TOMATITOS

1 Corte el seitán en rodajas, colóquelo en un plato y pincélelo ligeramente con aceite.

2 Pique bien las hierbas aromáticas y mézclelas con el pan rallado.

3-4 Reboce con esta mezcla las rodajas de seitán. Hierva las judías verdes, escúrralas y córtelas en trozos de 3-4 cm.

Cuando se acompaña con judías, el seitán es un plato bastante equilibrado desde el punto de vista de las proteínas. Además, es un producto ligero y sabroso, adecuado para quienes comen fuera de casa.

5

6

7

8

5 En una sartén con 2 c de aceite y el ajo chafado, agregue las judías verdes y dórelas hasta que estén bien brillantes; fuera del fuego, sazone con sal y vinagre balsámico.

6 Corte los tomates en cuñas y condiméntelos con sal, orégano y aceite en una ensaladera.

7 Prepare la salsa para acompañar; para ello, emulsione la salsa de soja, el zumo de limón y el jengibre y 1 c de aceite.

8 Fría el seitán con 2 c de aceite de modo que se dore bien y sírvalo con la salsa y las verduras que ha preparado.

PATATAS RELLENAS DE CHILE AL SEITÁN

250 ml de salsa de tomate

50 g de maíz al natural

4 patatas grandes

sal

1 cebolla

1/2 c de especias mexicanas variadas

300 g de lechuga iceberg

200 g de alubias rojas

aceite de oliva virgen extra

vinagre balsámico

200 g de seitán

1/2 zanahoria

1 Pele la zanahoria y la cebolla. Córtelas muy finas sobre una tabla de cortar junto con el seitán.

2 Póngalo todo en una cacerola con 1 c de aceite y dore durante 5 min.

3-4 Aromatice con las especias variadas. Añada la salsa de tomate y las alubias, sale y prosiga la cocción a fuego lento y tapado durante 25 min.

Esta es una sabrosa versión vegana de un plato emblemático de la cocina tex-mex; ideal también para quienes comen fuera de casa y desean llevarse algo listo para comer.

5 Mientras, corte las patatas por la mitad a lo largo, lávelas bien y cuézalas al vapor durante 10 min.

6 Vacíelas con la ayuda de un vaciador, dejando poco más de 1/2 cm de las mismas adherido a la piel.

7 Rellene las patatas con el chile de seitán y colóquelas en una bandeja untada de aceite; hornéelas a 200 °C durante 10 min o hasta que estén cocidas.

8 Trocee la lechuga, añádala al maíz y sazónela con aceite y vinagre balsámico. Retire las patatas del horno, deje que se entibien y sírvalas acompañadas de la ensalada.

PINCHOS DE TOFU Y TEMPEH CON BRÓCOLI Y TOMATITOS

1

2

3

4

1 Corte el tofu y el tempeh en dados de 1,5 cm de lado sobre una tabla de cortar.

2 Mezcle el aceite de sésamo, 1 c de vinagre, 2 c de salsa de soja, 1 diente de ajo picado, la guindilla, el orégano y el comino.

3 Añada el tofu y el tempeh y deje que se marine durante al menos 30 min.

4 Lave el brócoli, córtelo en ramitos y escáldelo durante 3 min.

5 Ponga el diente de ajo chafado en la sartén con 2 c de aceite y rehóguelo durante 1 min.

6 Incorpore el brócoli bien escurrido y saltéelo a fuego fuerte, removiendo, durante 3 min.

7 Prepare los pinchos y áselos. Riéguelos durante la cocción con el adobo preparado para marinar el tofu y el tempeh.

8 Lave los tomates y córtelos en cuñas sobre una tabla de cortar.

9 Pique las hierbas muy finas y espolvoréelas en un cuenco con el ajo; sazone con aceite, sal, vinagre y zumo de jengibre.

10 Incorpore los tomates y mezcle bien. Sirva los pinchos con las verduras.

TEMPEH FRITO CON TALLARINES DE PUERROS Y AVELLANAS

1 En una taza, bata bien la salsa de soja con 1 c de aceite, los zumos de jengibre y limón y el tomillo.

2 Corte el tempeh en rodajas, condiméntelo con esta emulsión y deje que se marine.

3 Deseche los extremos de los puerros, córtelos a lo largo, lávelos bien y obtenga tiras de 3-4 mm de ancho de la parte central de los mismos.

4 Escáldelos durante 30 segundos y deje que se enfríen justo después en agua con hielo para que estén crujientes.

5 Vierta 1 c de aceite en una cacerola de fondo grueso y rehogue en ella la cebolla con la cúrcuma.

6 Transcurridos 5 min, añada la harina y dore bien sin dejar de remover; vierta el caldo vegetal y lleve a ebullición para que la salsa espese.

7 Fuera del fuego, agregue la nuez moscada y las avellanas, rectifique de sal y bátalo todo.

8 Vierta 1 c de aceite en la sartén y fría el tempeh. Sírvalo con los tallarines de puerros condimentados con la salsa de avellanas.

semillas de sésamo
semillas de girasol
anacardos
semillas de sésamo negro
semillas de calabaza
nueces de Brasil
linaza
nueces de Macadamia
piñones

semillas oleaginosas

Ricas en propiedades, muchas de estas semillas se utilizan desde hace siglos para producir aceite. Sin embargo, sus usos culinarios son realmente amplios.

SEMILLAS OLEAGINOSAS

Las semillas oleaginosas se diferencian por el alto contenido en grasas, y desde hace siglos se han empleado para extraer su aceite para la alimentación. Se trata de grasas principalmente insaturadas de excelente calidad y fáciles de digerir. Además, son ricas en proteínas, fibra alimentaria y sales minerales muy beneficiosas, entre las que encontramos potasio, magnesio, fósforo, hierro y vitaminas B, D, E y A.

Para beneficiarse al máximo de sus propiedades es necesario masticarlas bien, y se recomienda consumir las de recolección reciente para evitar que sus preciados aceites enrancien. Gracias precisamente a su alto contenido en aceite son muy útiles para favorecer un buen tránsito intestinal. La medicina china las considera una preciosa fuente de vitalidad; como todas las semillas (ver legumbres y cereales), tienen la capacidad de generar una nueva planta, y así se deben usar para alimentar nuestra propia energía vital. Debido a su gran potencial energético, se podrían consumir como un plato por si solo o como un tentempié de alto valor nutritivo y no como «algo más» al final de la comida.

En la cocina, las semillas oleaginosas se prestan a un sinfín de utilidades: como ingrediente de superenergéticos mueslis en el desayuno, para dar un delicioso y crujiente toque final a los primeros platos, en ensaladas o para enriquecer gratinados o elaborar postres.

En definitiva, son unas semillas muy versátiles, no solo al natural o ligeramente tostadas, sino también en forma de crema para elaborar distintos tipos de deliciosas salsas saladas o dulces.

avellanas

La avellana contiene vitaminas A, B1, PP y C y es rica en sales minerales, especialmente en calcio, fósforo y magnesio; contiene muchas grasas fáciles de digerir y tiene una ligera acción laxante. Según la medicina china, además de ayudar en la actividad digestiva, tiene también una acción antiparasitaria para el intestino, en especial contra la tenia. Las avellanas ligeramente tostadas son ideales para preparar tartas y pastelitos, y se usan, además, en forma de crema para elaborar con miel y cacao una exquisita crema de untar. Con las avellanas se preparan turrones y guirlaches, y son un ingrediente perfecto para platos a base de verduras cocidas o crudas y cereales en grano.

almendras

El almendro procede del suroeste de Asia y se ha aclimatado perfectamente a las zonas del sur de Europa que dan al Mediterráneo. La almendra dulce contiene mucho magnesio y es también rica en calcio, fósforo, fibra, potasio y zinc. Así pues, se trata de un alimento nutritivo que, desde siempre, ha servido como complemento ideal de las dietas vegetarianas y de alimentos crudos. Es un alimento energético y reequilibrador del sistema nervioso. Según la medicina china, tonifica la energía del pulmón, trata la tos y tiene una acción ligeramente laxante. De las almendras peladas, trituradas y maceradas se obtiene una bebida refrescante y energética. Además, las almendras forman parte de un sinfín de preparaciones dulces y son un ingrediente fundamental de las mezclas de frutas y copos de cereales del desayuno, así como de turrones, guirlaches, pasteles y bizcochos. Las almendras tostadas y un poco saladas son un toque final ideal para ensaladas y verduras cocidas.

pistachos

Los pistachos son ricos en proteínas y contienen hierro, calcio, fósforo, magnesio y potasio. Son útiles como reconstituyente, por ejemplo en estados de anemia, y refuerzan el sistema nervioso. Antiguamente se usaban como desintoxicante y para curar dolores hepáticos. La medicina china los considera tónicos del yang y los utiliza en caso de lumbalgia e impotencia. En la cocina, se usan para aromatizar distintas clases de postres y los helados en particular.

piñones

Son semillas ricas en proteínas de sabor dulce, aromático y un poco resinoso. Son excelentes remineralizantes, pues contienen una gran cantidad de fósforo y de potasio. Son un alimento reconstituyente útil durante el embarazo, para los ancianos, en caso de anemia y para tratar el estreñimiento. En la cocina, son el ingrediente fundamental del pesto genovés, del relleno de los strudel, de las cocas hojaldradas de frutos secos y, además, constituyen la decoración final de los típicos panellets de la festividad de Todos los Santos. Asimismo, dan un excelente toque final a comidas y distintas clases de postres.

nueces

La nuez es una planta originaria del centro de Asia que llegó a Europa en tiempos muy antiguos. Es muy rica en grasas y es un fruto remineralizante que contiene fósforo, magnesio y potasio, además de cantidades inferiores de hierro y calcio. Según la medicina natural, refuerza el sistema nervioso, es útil en fases de astenia o de intenso trabajo intelectual y tiene propiedades antisépticas y digestivas. En la medicina china, sirve para tratar el asma y el estreñimiento, en especial en los ancianos. Si se baten 5-6 nueces peladas con 2 peras maduras y 2 cc de miel se obtiene una excelente bebida energética. Tiene un sabor muy agradable y ligeramente picante. Es un fruto delicado que se debe conservar en un lugar fresco y seco para evitar que enrancie. Son muchas las preparaciones culinarias en las que se usan las nueces: cremas de queso, postres con miel, rellenos de tartas, salsas para condimentar la pasta o ensaladas a base de verduras y fruta. Con nueces verdes y cáscaras maceradas en alcohol y especias se elabora un excelente licor que se suele consumir como digestivo al final de una comida.

Pacanas. Estas nueces americanas están emparentadas con las nueces europeas. Su cáscara y su fruto son más lisos y alargados y tienen un sabor más rico y dulce. Al ser una semilla muy calórica, se desaconseja en caso de tener obesidad.
Nueces de Brasil. Se caracterizan por su cáscara dura de sección triangular. Sus frutos son blancos y duros y enrancian con facilidad; por tanto, se recomienda comprarlas con cáscara y de la última recolección. Por su altísimo contenido en grasas son especialmente ricas en magnesio y zinc, y son un alimento que se aconseja en caso de delgadez, anemia y agotamiento.

coco

La pulpa seca de los cocos es muy rica en grasas saturadas. Por ello, es un alimento que se debe consumir con moderación, pero es muy rico en fibra alimentaria (se usa, por ejemplo, para combatir estados de delgadez persistente).
Según la medicina china, tiene una buena acción antiparasitaria a nivel intestinal. En la cocina, el coco se utiliza principalmente secado y rallado en postres, mientras que en la gastronomía oriental forma parte de un sinfín de platos dulces y salados.

anacardos

La planta del anacardo es originaria de la Amazonia, y sus semillas llegan a nuestras mesas siempre tostadas, ya que crudas contienen un aceite ligeramente tóxico pero termolábil. Son una buena fuente de minerales por su contenido en hierro y fósforo y, además, aportan vitaminas B1 y A. Los anacardos son muy utilizados en la cocina india y están presentes en los típicos surtidos de semillas que se consumen en Inglaterra y Estados Unidos.

linaza

Se emplea desde siempre por su acción laxante y emoliente. La medicina china la usa también para combatir los problemas de piel, en especial la dermatitis. Se utilizaba tradicionalmente para hacer cataplasmas calientes que se aplicaban sobre el pecho en caso de tos debida a un resfriado. En cocina, se añade a la masa del pan o, una vez molida, se mezcla en sopas, verduras o muesli.

semillas de girasol

Constituyen una verdadera defensa para la salud, son ricas en proteínas y ácido linoleico, y también en vitaminas B1 y D. Además, contienen cantidades importantes de hierro y magnesio. En definitiva, son unas semillas realmente «maravillosas», con propiedades protectoras contra el cáncer en el sistema digestivo, que refuerzan los anticuerpos y combaten la anemia, la hipertensión y el colesterol. Además, son beneficiosas para la piel, las uñas, la vista y el corazón. Se usan en masas de pan, ensaladas o platos a base de cereales, y son ideales como tentempié.

semillas de calabaza

Hace cincuenta años eran muy apreciadas. Ahora, desde hace unos años, han regresado a nuestras mesas gracias a sus interesantes propiedades. Son ricas en vitaminas B y E y también en ácidos grasos esenciales omega 3 y omega 6, además de en hierro y fibra. Son un eficaz vermífugo intestinal y están indicadas para los niños que sufren ese tipo de «invasiones». Además, ejercen una acción antiinflamatoria en la próstata y las vías urinarias. En cocina, dan un toque especial a las ensaladas y otras comidas y no pueden faltar en las mezclas de semillas tostadas de los aperitivos.

semillas de sésamo

Originarias de la India, contienen mucha fibra y son ricas en magnesio, calcio, fósforo, silicio, hierro y vitaminas del grupo B. Son un alimento alcalinizante y energético, además de un reconstituyente muscular y nervioso. Se usan en la medicina china para el tratamiento de las toses secas y en caso de estreñimiento y anemia. Se emplean para enriquecer platos de cereales y verduras, después de tostarlas brevemente, o para dar sabor a masas y palitos de pan. También son el ingrediente básico de los sabrosos guirlaches con miel. En forma de crema o tahina, se usan para elaborar salsas de legumbres, como el hummus.

SEMILLAS VARIADAS CON ESPECIAS Y APERITIVO DE POMELO

1/2 c de azúcar de caña integral

100 g de almendras peladas

400 ml de pomelo rosado exprimido

tres pizcas de guindilla

4-5 c de salsa de soja

100 g de anacardos

2 vainas de cardamomo

4 c de zumo de jengibre

tres pizcas de pimentón dulce

sal

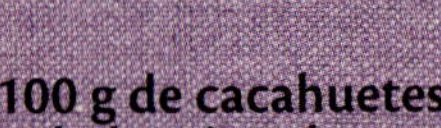

100 g de cacahuetes pelados sin sal

150 ml de agua

100 g de nueces de Brasil

tres pizcas de curry picante

1

2

3

4

1 Vierta 1 c colmada de salsa de soja en 4 cuencos pequeños. En el primero, añada el curry; en el segundo, el pimentón; en el tercero, la guindilla, y en el cuarto, 1 c de zumo de jengibre.

2 Tueste las almendras en el horno a 180 °C hasta que estén bien doradas.

3-4 Póngalas aún calientes en el cuenco del jengibre para que se impregnen bien con el condimento. Ponga después los cacahuetes en el cuenco de la guindilla.

Basta de las habituales galletas saladas hipercalóricas que hacen del aperitivo un verdadero atentado a la salud. Aquí tiene una receta para sorprender con un aperitivo delicioso y ligero.

5

5 Ponga las nueces de Brasil previamente tostadas, como las almendras, en el cuenco del curry picante.

6 Ponga los anacardos en el cuenco del pimentón. Las nueces y los anacardos ya tostados solo se deben calentar en la sartén antes de condimentarlos.

7 Lleve agua a ebullición con el azúcar y las vainas de cardamomo abiertas; deje que se enfríe y cuele el agua en una jarra.

8 Añada los zumos de pomelo y jengibre y una pizca de sal. Mezcle y sirva el aperitivo con hielo como acompañamiento de las semillas con especias.

CRACKERS CON SEMILLAS

100 g de harina de maíz

1/2 cc de sal marina integral

3 c de aceite de oliva virgen extra

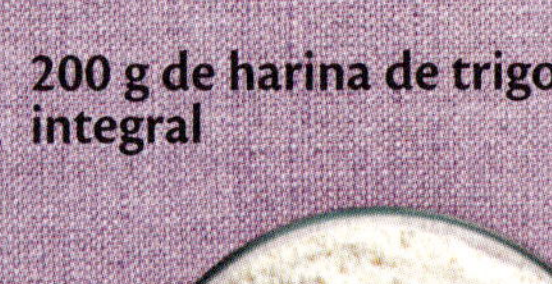

200 g de harina de trigo integral

1 c de semillas de amapola

1 c de sésamo negro

2 cc de levadura natural para pastelería

1 c de semillas de mostaza

1 Tueste ligeramente las semillas en la sartén y deje que se enfríen.

2 Forme un volcán con las dos harinas y mezcle la sal, la levadura y las semillas.

3 Vierta en el centro el aceite y el agua caliente necesaria para obtener una masa dura y elástica.

4 Deje que la masa repose durante unos 30 min y después córtela en porciones.

5 Estire las porciones de masa hasta que estén finas y córtelas con una rueda cortapasta para obtener los crackers.

6 Hornéelos a 180 °C durante unos 10 min en una bandeja de hornear.

TARTA TATIN CON ACHICORIA, QUESO DE OVEJA Y NUECES

1

2

3

4

1 Mezcle la harina con las semillas y la sal; añada la mantequilla bien fría cortada en trozos y amásela con la harina hasta que desaparezca.

2 Agregue el vino frío y amase; deje que la masa repose en el frigorífico envuelta en film transparente durante al menos 30 min.

3-4 Corte el queso en dados. Lave la achicoria, escúrrala y córtela en trozos de 3-4 cm.

Para dar más sabor a la achicoria, puede rociarla en la sartén con 1 c de vinagre balsámico.

5 Cueza la achicoria en la sartén con 1 c de aceite y una pizca de sal.

6 Transcurridos 3 min, agregue la miel y deje que caramelice; retire la sartén del fuego.

7 Una vez frío, añada el queso y una pizca de pimienta.

8 Unte unos moldes de 10-12 cm de diámetro e incorpore las nueces.

9 Agregue las achicorias previamente cocidas.

10 Estire la masa hasta lograr un grosor de 4-5 mm y cubra con ella los moldes. Hornee 30 min a 180 °C.

TALLARINES AMARILLOS CON CEBOLLA, ESPINACAS Y SEMILLAS VARIADAS

100 g de harina integral

120 g de harina

aceite de oliva virgen extra

1 sobre de azafrán

2 c de pistachos sin cáscara

300 g de espinacas tempranas

100 g de sémola de grano duro

1/2 vaso de vino blanco

sal marina integral

1 cebolla roja grande

1 c de semillas de sésamo

2 c de piñones

1 Mezcle las harinas y forme un volcán con ellas sobre la superficie de trabajo. Vierta en el centro 1 c de aceite y el azafrán diluido en muy poca cantidad de agua.

2 Añada el vino y amase hasta obtener una masa lisa y elástica; deje que repose cubierta con film transparente durante al menos 30 min.

3 Corte la cebolla en rodajas finas y rehóguela a fuego lento en 1 c de aceite; sale.

4 Agregue las espinacas y prosiga la cocción durante menos de 2 min.

5 Tueste ligeramente los piñones, las semillas de sésamo y los pistachos en una sartén pequeña.

6 Estire la masa bien fina y córtela para obtener los tallarines; para ello, enróllela y córtela en tiras finas con un cuchillo de hoja lisa.

7 Hierva los tallarines en agua con sal durante 5-6 min, escúrralos y saltéelos brevemente con la verdura y un poco de agua de la cocción.

8 Esparza las semillas previamente tostadas sobre los tallarines al azafrán y sirva.

PASTEL TRICOLOR CON CORTEZA CRUJIENTE

1 Cueza la calabaza cortada en dados con un chorrito de aceite, el ajo, la salvia y el romero; añada un poco de agua durante la cocción.

2 Hierva las patatas durante 30 min, pélelas y cháfelas.

3 Condiméntelas con un chorrito de aceite, sal y nuez moscada rallada.

4 Pique bien la cebolleta y rehóguela en la sartén con 1 c de aceite; añada las verduras de hoja cortadas finas, sale y cueza.

5 Pique el pan con el perejil, el diente de ajo y las semillas de girasol; incorpore una pizca de sal.

6 Mezcle los ingredientes en un cuenco con un chorrito de aceite.

7 Reparta la primera capa de patatas en una bandeja de hornear untada y esparcida con pan rallado.

8 Prosiga con la segunda capa de verduras de hoja.

9 Termine con una capa de calabaza chafada (después de desechar las hierbas aromáticas y el ajo).

10 Espolvoree el pastel con el picadillo de semillas y horneéelo a 200 °C durante 10 min.

CREMA DE PERAS, JENGIBRE Y ALMENDRADOS

4 peras maduras

1 c de crema de almendras

2 c de avellanas troceadas

4 galletas de tipo almendrado

2 c de virutas de chocolate negro

1 c de zumo de jengibre

1 vaina de vainilla

1 Pele las peras y córtelas en trozos pequeños sobre una tabla de cortar.

2 Cuézalas con la vainilla. Cuando estén blandas, deseche la vaina de vainilla (que, una vez lavada y secada, se puede reutilizar).

3 Pele un trozo pequeño de jengibre, rállelo y exprímalo. Añada el zumo obtenido sobre las peras cocidas.

4 Mezcle todo bien y agregue después la crema de almendras.

5 Bata las peras con la batidora de inmersión hasta obtener una crema.

6 Coloque una galleta tipo almendrado en el fondo de unas copas de cerámica.

7-8 Vierta encima la crema de peras. Antes de servir, espolvoree la superficie con virutas de chocolate y avellanas troceadas.

Unos postres perfectos para sibaritas y que, además, según la medicina china, protegen el sistema pulmonar del frío.

DULCES DE ALBARICOQUE Y PISTACHOS CON TÉ DE MANZANA

50 g de pistachos sin sal
+ 10 g para decorar

1 c de té negro

200 g de orejones
de albaricoque

1 manzana

40 g de azúcar de caña

1 vaina de vainilla

1

2

3

4

1 Corte por separado los orejones de albaricoque y los pistachos sobre una tabla de cortar.

2 Mézclelos para obtener bolitas.

3-4 Haga rodar las bolitas en el azúcar de caña. Presione 1/2 pistacho sobre cada bolita para decorar.

Al no ser tratada con dióxido de azufre, la fruta biológica deshidratada tiene un color marrón, señal de un procesamiento natural sin residuos químicos.

5

6

7

8

5 Corte la manzana, que servirá para el té, en rodajas finas sobre una tabla de cortar.

6 Prepare el té; para ello, hierva la manzana con la vaina de vainilla durante 10 min.

7 Cuele el líquido obtenido y viértalo en una tetera; añada el té negro.

8 Agregue 1 vaso de agua fría, deje en infusión y sirva con los dulces.

CRUMBLE DE FRUTA FRESCA, AVELLANAS Y ALMENDRAS

1 Pele la manzana, la pera y el plátano, y córtelos en trozos pequeños. Lave las fresas y córtelas en cuñas.

2 Aderece la fruta con los zumos de limón y jengibre y 1 c de azúcar.

3-4 En un cuenco, mezcle los copos de avena con el aceite de oliva virgen extra; añada después el azúcar de caña integral.

El crumble es un postre típico de la tradición culinaria del norte de Europa. Es ideal para el desayuno o como tentempié nutritivo y apetitoso.

5

6

7

8

5 Añada las almendras fileteadas y las avellanas troceadas.

6 Mezcle todo bien con 1-2 c de agua y una pizca de sal.

7 Coloque la fruta en bandejitas o moldes ligeramente untados con aceite.

8 Cúbrala con los copos de avena y frutos secos. Hornee a 200 °C durante 15 min. Sirva el crumble templado.

GUIRLACHE DE CEREALES

1 Caliente la malta con el aceite de maíz en una cacerola grande hasta que se vuelva líquida.

2 Añada los cereales inflados, las pasas, las almendras y las avellanas; mezcle bien.

3 Extienda la preparación sobre una bandeja untada de aceite con un grosor de 1,5 cm. Para obtener un guirlache más compacto, cúbralo con papel sulfurizado y presiónelo con un mazo para carne.

4 Hornee el guirlache a 180 °C durante 15 min. Una vez frío, pártalo con las manos o con un cuchillo para obtener barritas.

ÍNDICE

LEYENDA:

 SIN LECHE  SIN HUEVOS  SIN GLUTEN  VEGANO

CEREALES